Nino Gatchava

Processo de garantia de qualidade em escolas públicas e privadas no estado da Geórgia

Nino Gatchava

Processo de garantia de qualidade em escolas públicas e privadas no estado da Geórgia

Análise comparativa

ScienciaScripts

Cover image: www.ingimage.com

This book is a translation from the original published under ISBN 978-3-330-34441-9.

Publisher:
Sciencia Scripts
is a trademark of
Dodo Books Indian Ocean Ltd. and OmniScriptum S.R.L publishing group

120 High Road, East Finchley, London, N2 9ED, United Kingdom
Str. Armeneasca 28/1, office 1, Chisinau MD-2012, Republic of Moldova, Europe
Printed at: see last page
ISBN: 978-620-7-92168-3

Conteúdo

Agradecimentos

Gostaríamos de expressar a nossa gratidão a Nino Balanchivadze, DLitt, a directora da tese, pela sua grande contribuição para a preparação e aperfeiçoamento do estudo.

Além disso, estamos extremamente gratos ao Sr. Nikoloz Parjanadze, Ass. Prof. da Universidade Internacional do Mar Negro da Geórgia e coordenador do Programa de Educação Geral do Mestrado, pelas suas valiosas consultas e recomendações dadas na preparação da tese.

Resumo

A educação é um fenómeno social que decorre de necessidades pessoais. Assegura a capacidade vital de uma pessoa e, por conseguinte, a melhoria da qualidade da educação é uma prioridade do Estado.

Em todo o mundo, o sistema educativo é considerado um pilar de apoio ao desenvolvimento de um indivíduo e da sociedade em geral. A gestão e a garantia da qualidade da educação, nomeadamente os instrumentos e alavancas relevantes aplicados nas escolas secundárias, é uma questão importante.

O Governo da Geórgia declarou prioritária a modernização do sistema educativo nacional. As reformas implementadas pelo Ministério da Educação e da Ciência têm por objetivo a criação de um ambiente educativo favorável às crianças, no qual cada aluno possa desenvolver plenamente as suas potencialidades.

A investigação sobre a garantia de qualidade nos estabelecimentos de ensino geral na Geórgia deveria ser útil.

Esta questão é multifacetada, mas tentamos encontrar as principais tendências em torno da questão, que mecanismos de garantia de qualidade são utilizados nas escolas públicas e privadas da Geórgia.

Resumo

O sistema educativo é um dos factores mais fundamentais para o desenvolvimento do país, do qual depende o desenvolvimento dos indivíduos e da sociedade. O documento analisa as alavancas e os mecanismos que são utilizados para garantir a qualidade do ensino secundário, tais como a autorização e a acreditação das escolas. A Ciência está a levar a cabo as nossas reformas, cujo objetivo é proporcionar um ambiente de aprendizagem eficaz e o desenvolvimento ótimo do potencial de cada aluno.

Introdução

Antes de discutirmos a garantia da qualidade do ensino, devemos começar por definir o conceito de qualidade: "A qualidade é o conjunto das propriedades de um produto, que assegura a sua capacidade de, em certa medida, satisfazer os requisitos reais ou presumidos dos clientes, de acordo com a sua designação" (Ramishvili, 2013) As pessoas mostraram interesse na qualidade desde que se envolveram em algumas actividades. Há provas da inspeção original. Já em 3500 a.C., os vikings que construíam os seus barcos conseguiam "distinguir o bom do mau". No século XVIII, a garantia da qualidade foi formalizada nas indústrias depois de Frederick Taylor ter utilizado o termo "inspeção" nas suas abordagens à "gestão científica" e publicado "Princípios da Gestão Científica". (Taylor, 1911) No nosso dia a dia, constatamos a importância da qualidade em todos os tipos de actividades. A questão que se coloca neste contexto é a de saber de que forma podemos desenvolver, assegurar, gerir e controlar a qualidade. Uma vez que o estudo incide sobre a educação, mais precisamente sobre as instituições de ensino geral, seria conveniente definir o próprio conceito de educação. Em geral, a educação é interpretada como a aquisição sistematizada de conhecimentos e o seu resultado (Chkuaseli, 2012)

A educação implica o domínio de conhecimentos, o desenvolvimento de determinadas competências e a acumulação intencional de experiência em vários domínios. Por conseguinte, a educação tem por objetivo a evolução física, intelectual e moral de uma pessoa. A educação é o sistema professor-aluno de transferência e compreensão de certos conhecimentos e de desenvolvimento das capacidades dos alunos. Atualmente, a educação é, sem dúvida, um valor universal e o direito a ela está consagrado em várias Constituições. O referido direito constitucional é exercido através do sistema educativo existente.

Por conseguinte, a gestão da educação e a garantia da sua qualidade devem ser uma prioridade do Estado. Em termos simples, a questão que se coloca neste contexto é a seguinte: quais são as alavancas e as técnicas (se é que existem) que os estabelecimentos de ensino geral utilizam? A educação constitui uma base importante para o desenvolvimento de um indivíduo e da sociedade em geral. Por definição, uma instituição de ensino geral tem por objetivo preparar os estudantes para a vida pública, aumentar a sua consciência cívica e apoiá-los na realização da sua responsabilidade social e pessoal. O objetivo final da escola é ajudar os estudantes a adquirir uma educação de qualidade, o que é impossível sem as técnicas de garantia de qualidade.

Objetivo do estudo:

1. Investigação sobre a garantia de qualidade nas instituições de ensino geral na Geórgia;

2. Comparação das técnicas de garantia da qualidade nas escolas públicas e privadas da Geórgia;

3. O objetivo do estudo é revelar as semelhanças e as diferenças entre as técnicas de garantia da qualidade utilizadas nas escolas públicas e privadas e analisá-las.

Considero que o objetivo do estudo pode ser alcançado através da utilização de métodos qualitativos de investigação.

Questões de investigação:

> De que forma é que as escolas públicas e privadas da Geórgia garantem uma educação de qualidade?

> Em termos de gestão da qualidade, quais são as semelhanças/diferenças entre as escolas públicas e privadas?

> Quais são os pontos fortes e fracos das escolas públicas e privadas?

O estudo centra-se em dois segmentos-alvo: as escolas públicas e as escolas privadas. A tomada destes segmentos como indicador foi motivada pelo nosso objetivo de discutir as técnicas de garantia de qualidade e, também, de encontrar alavancas de comparação para analisar mudanças, diferenças, fraquezas, forças ou desafios.

Metodologia: Neste estudo, utilizámos métodos qualitativos. É uma espécie de estudo de reconhecimento, uma vez que inclui dados relativos apenas à capital Tbilisi. No que diz respeito aos métodos, utilizámos o questionário, a entrevista aprofundada e a monitorização. Quanto às fontes suplementares, recorremos a vários livros de texto e a publicações na Internet. As palavras-chave: gestão da qualidade, garantia da qualidade, desenvolvimento da qualidade, escolas públicas e privadas. No tratamento da informação foram utilizadas as abordagens descritiva, lógica e estrutural.

I Garantia da qualidade do ensino: Antecedentes e principais tendências

1.1 Essência e importância do sistema educativo

A educação é, sem dúvida, importante para a sociedade enquanto tal. Como disse Émile **Durkheim**, sociólogo e filósofo francês: "a principal função da educação é a transferência de valores da cultura dominante. Embora a educação apoie a preservação da ordem social estabelecida, também promove mudanças" (Qetsbaia, 2014)

A educação é um fenómeno social que decorre de necessidades pessoais. Assegura a capacidade vital de uma pessoa e, por conseguinte, a melhoria da qualidade da educação é uma prioridade do Estado.

O Governo da Geórgia declarou prioritária a modernização do sistema educativo nacional. As reformas implementadas pelo Ministério da Educação e da Ciência têm por objetivo a criação de um ambiente educativo favorável às crianças, no qual cada aluno possa desenvolver plenamente as suas potencialidades.

1.1.1 O sistema de ensino na Geórgia nos séculos XIX-XX-XXI.

Dada a importância do tema, pensamos que seria oportuno fazer uma breve revisão da situação do sistema educativo na Geórgia desde o século XIX até à atualidade.

A política educativa formalizada na Geórgia remonta ao início do século XIX. Foram criados vários tipos de instituições educativas e foi introduzido um currículo uniforme, o que atesta a existência de um tipo de sistema educativo na altura.

Apesar de todos os pontos de vista radicalmente diferentes sobre a escola enquanto tal, a intelligentsia georgiana do século XIX estava de acordo no que diz respeito ao seu papel positivo. Acreditavam que os vícios sociais e a incapacidade de os eliminar resultavam mais ou menos do analfabetismo. I. Chavchavadze, o ilustre escritor e figura pública georgiano, afirmou "(Chavchavadze, 1927) Ilya Chavchavadze, a ilustre figura pública georgiana do século XIX, considerou a educação como a principal prioridade em termos de desenvolvimento social. Reagindo aos desenvolvimentos no domínio da educação na Europa, nomeadamente a algumas publicações de académicos que manifestavam a sua preocupação com o facto de as crianças em idade escolar estarem a ser demasiado sobrecarregadas, manifestou a sua surpresa. Na sua opinião, a escola desempenha um papel crucial na educação. Nas suas palavras: "a escola deve disciplinar e instruir a criança". O notável pensador georgiano acreditava que só a educação poderia trazer bem-estar às pessoas. "A ignorância é a nossa némesis e só a educação pode combatê-la. A educação, a aprendizagem e o conhecimento - é isso que pode curar as nossas vidas". (Chavchavadze, 1987) A criação da Sociedade para a Difusão da Alfabetização entre os georgianos, no final do século XIX, anunciou a formação do sistema educativo. Algumas figuras públicas, escritores e professores, membros da Sociedade, estabeleceram o objetivo de abrir escolas georgianas e de as apoiar. Foram abertas 33 escolas. A Sociedade para a Difusão da Alfabetização entre os georgianos desempenhou um papel crucial na preservação da língua georgiana e da identidade nacional enquanto tal, bem como na criação do sistema escolar georgiano.

Nos tempos pós-soviéticos, o sistema educativo da Geórgia tem sido objeto de mudanças e reorganizações contínuas.

Desenvolvimentos políticos importantes alteraram o rumo e o ritmo político do país. O rumo pró-ocidental e os desenvolvimentos económicos e políticos provocaram mudanças dramáticas na política de educação, nomeadamente em termos do seu objetivo. Apesar de todos os tumultuosos tempos pós-soviéticos, as autoridades iniciaram a formação do sistema educativo nacional. Desde o primeiro dia da independência, foram envidados esforços incansáveis para o desenvolvimento do sistema educativo nacional.

Em 1993, o Governo intensificou os programas sociais, incluindo os programas no domínio da educação. A situação complexa, a pobreza, a falta de lei e de ordem e uma atmosfera psicológica geral tiveram, compreensivelmente, um impacto negativo na educação.

Em 1994, foi adoptada a lei "Sobre as Escolas Seculares Privadas" que rege as relações entre o Estado e as escolas privadas.[1]

Desde 1995, têm-se registado tentativas para criar vários modelos de ensino nacionais. No mesmo ano, o subcomité parlamentar para a educação começou a trabalhar no conceito de educação (Governo da Geórgia, 1995). Foi criado um comité parlamentar para a reforma do sistema educativo. As suas funções incluíam o planeamento, a elaboração, a aplicação e o acompanhamento das decisões relativas ao ensino geral e superior (Governo da Geórgia, 1995). Com estas decisões, as autoridades estatais prosseguiram o objetivo não só de alcançar a estabilidade económica, mas também de criar um quadro jurídico para o sistema educativo.

Em 1997-1998, a instrução escolar para os alunos dos graus X a XI na maioria dos estabelecimentos de ensino geral passou a ser paga. (A disposição constitucional de 1995 subjacente à iniciativa estabelecia que apenas o ensino primário nas escolas secundárias era obrigatório.

Compreensivelmente, esta alteração suscitou a indignação da opinião pública, uma vez que implicava encargos suplementares para as pessoas afectadas por dificuldades.

Como já foi dito, de acordo com o artigo 35 da Constituição adoptada em 1995, apenas os primeiros 6 anos de escolaridade foram declarados obrigatórios. A lei sobre o "Ensino Geral" prescrevia o mesmo[2] .

Em 1997, foi adoptada a lei da Geórgia "sobre a educação" para apoiar a política educativa do Estado. A educação foi declarada uma prioridade.

O regulamento relativo ao centro de coordenação do projeto educativo da Geórgia, aprovado em 2000, abriu caminho à avaliação e aos testes, aos programas curriculares e aos centros de promoção profissional dos professores. Simultaneamente, com o objetivo de melhorar a qualidade do ensino, as autoridades educativas começaram a rever os currículos provisórios e as normas para as várias disciplinas ensinadas na

---

1 Em 1994, aplicando o regulamento ainda em vigor, mas uma norma diferente, através de um departamento do Ministério da Educação, o Estado controlava as escolas privadas laicas. Havia também alguns parâmetros técnicos.

2 A lei estipulava que só os alunos que tivessem completado 9 anos de ensino secundário poderiam receber formação profissional. Entretanto, apenas 6 anos eram obrigatórios. Por conseguinte, teoricamente, era possível abandonar a escola após 6 anos, mas a formação profissional podia ser exigida após 9 anos de escolaridade.

escola. Por ordem do Ministro da Educação da Geórgia, n.º 547, de 2000, foi criado um grupo de trabalho para monitorizar os programas escolares.

O ano de 2001 assinala o lançamento da reforma do sistema educativo. Em muitos Estados europeus, para proporcionar uma educação de qualidade às crianças, apenas o ensino básico é obrigatório. A alteração constitucional de 2003 tornou obrigatório o ensino primário.

O período 1998-2003 constitui um marco em termos de política de educação. O Ministério da Educação elaborou um ambicioso programa de desenvolvimento da educação, introduzindo o currículo e a avaliação nacionais, a progressão profissional dos professores e os livros escolares. Ao mesmo tempo, os currículos foram elaborados e introduzidos nas classes experimentais e foi aprovada a norma estatal para os estabelecimentos de ensino. O documento determinava os tipos de instituições pré-escolares e de escolas, o seu estatuto jurídico e as directrizes para a validação e acreditação. (The Concept for the School Education System, 2013) 2004 marca o ponto de viragem em termos de educação nacional. Juntamente com os peritos, as autoridades competentes desenvolveram a estratégia de reforma do sistema educativo, a política de ensino uniforme, definiram os objectivos, etc. Juntamente com a estrutura do sistema educativo, foram alterados os modelos de gestão, financiamento e controlo da qualidade.

Atualmente, o objetivo do sistema educativo geral na Geórgia é criar condições favoráveis à formação de uma pessoa empenhada nos valores nacionais e universais. "O sistema educativo desenvolve as capacidades mentais e físicas da criança, fornece-lhe os conhecimentos necessários e motiva-a para um estilo de vida saudável, induz uma consciência cívica assente em valores liberais e democráticos e ajuda-a a tomar consciência dos seus direitos e obrigações para com as suas famílias, o público e o Estado" (decreto n.º 84 sobre a aprovação dos objectivos nacionais da educação geral, 2004)

Atualmente, existem escolas com 3 níveis: primário dos primeiros 6 anos, básico - VII-IX anos e secundário - X-XII anos. A lei de 2005 "Sobre o ensino geral" prescreveu a escolaridade obrigatória de 12 anos a partir dos 6 anos de idade.

A reforma da educação assenta no quadro jurídico constituído, ao mesmo tempo que põe em evidência as alterações estratégicas cruciais introduzidas no sistema educativo.

O sistema educativo na Geórgia é basicamente regido por três leis orgânicas adoptadas desde 2005:

- A lei da Geórgia "Sobre o ensino geral" (2005);
- A lei da Geórgia "Sobre o ensino superior" (2005);
- A lei da Geórgia "Sobre o ensino profissional" (2007).

Dada a volatilidade do sistema educativo, as leis são frequentemente alteradas[3] .

As mudanças no sistema educativo implicam: gestão descentralizada da educação, introdução de princípios democráticos de administração, aumento da autonomia das instituições educativas e integração do sistema educativo georgiano no quadro internacional. (Bregvadze, 2009) A administração descentralizada do sistema educativo implica a existência de vários centros. O Centro Nacional para a Melhoria da Qualidade Educativa é responsável pela validação e acreditação das instituições de ensino geral, pela aprovação dos créditos e pela avaliação da correspondência dos conhecimentos adquiridos com a qualificação definida pelo Estado; - 2010.

A gestão descentralizada das escolas favoreceu uma cooperação mais estreita entre professores, pais e alunos. A política educativa está agora orientada para a criação de um sistema centrado no aluno/estudante.

A alteração constitucional de 27 de dezembro de 2006 tornou "obrigatório o ensino primário e básico". O ensino geral é totalmente financiado pelo Estado.

Em 2010, o Centro para os Currículos Nacionais e a Avaliação, criado em abril de 2006, concluiu o trabalho sobre o novo currículo escolar nacional e os manuais escolares conducentes a uma educação interactiva em vez da mera memorização de factos.

---

3 Estas leis ainda estão a ser alteradas.

Além disso, desde 2006, a educação inclusiva tornou-se uma prioridade em termos de reforma educativa. (Javakhishvili & Chincharauli, 2013)

O modelo de ensino aplicado atualmente faz agora parte de uma política mais vasta. Para efeitos de novas reformas, em 2007, o Governo da Geórgia adoptou a estratégia e o plano de ação consolidados para a educação (2007-2011) (UNICEF, 2007)

Posteriormente, o Ministério da Educação e Ciência desenvolveu a estratégia de educação para 2010-2015 com o objetivo de melhorar a qualidade da educação através de iniciativas como: um novo currículo nacional finalizado em setembro de 2010 e que entrou em vigor em 2011.

Um novo sistema de avaliação: em 2010-2011, foi introduzido nas escolas públicas um novo sistema de avaliação com três componentes principais. As notas trimestrais dos alunos dependem da sua assiduidade às aulas.

Outra inovação de 2011 foram os testes adaptados por computador (CAT). A partir de 2013, os exames finais foram divididos: uns realizados após a conclusão do XI ano e outros no final do XII. O público teve uma reação mista aos exames finais.

1.2. Gestão da Qualidade: Conceito, Técnicas e Ciclo

A gestão da qualidade tornou-se um tema muito atual. O termo "garantia de qualidade" inclui todas as acções sistemáticas planeadas realizadas para criar confiança num sistema, numa estrutura ou numa unidade estrutural.

Existiram várias técnicas e conceitos originais de garantia da qualidade com o objetivo de melhorar a qualidade dos produtos ou serviços. No entanto, com o tempo, o significado do termo "qualidade" mudou. Nos negócios, os termos recorrentes são "garantia de qualidade", que é interpretada como a prevenção de erros e o "controlo de qualidade", que implica a deteção e definição de erros (Taylor, 1911)

A garantia da qualidade no sistema educativo é uma atividade destinada a manter e a aumentar a qualidade e inclui a investigação, a análise, a avaliação da aceitabilidade, os requisitos e os procedimentos para a nomeação para vários cargos, etc. mecanismos e sistemas. (Wahlen, 1999)

O controlo de qualidade, uma parte da garantia de qualidade, implica determinadas acções relacionadas com as propriedades físicas de um material, estrutura, componente e sistema. Posteriormente, é a sua qualidade que determina a sua correspondência com os requisitos predefinidos. (Didberidze, 2017)

A garantia de qualidade é um processo em várias fases que inclui a conceção, o desenvolvimento, a produção, a instalação, a assistência e a documentação.

A garantia da qualidade é sobretudo relevante para as empresas. Mas é facilmente transferível para o sistema educativo. A garantia da qualidade é uma determinada ação que permite encontrar provas de que as condições necessárias para o funcionamento eficiente de um produto e/ou serviço foram observadas (Bregvadze, 2009)

As técnicas de garantia da qualidade da educação asseguram que o ensino esteja em conformidade com as normas reconhecidas, seja universalmente exigido e competitivo.

É por uma questão de garantia de qualidade que as instituições de ensino são licenciadas e os programas de ensino são acreditados na Geórgia. Ambas são técnicas de garantia da qualidade aplicadas ao ensino geral, profissional e superior. (Centro Nacional para a Melhoria da Qualidade Educativa, 2015)

Não existem índices de qualidade do ensino acordados na Geórgia. Também não é claro como se mede a qualidade do ensino escolar. A determinação dos índices de qualidade do ensino exige várias condições.

A escola, nomeadamente os professores e os pais, devem conhecer a forma como a qualidade do ensino é determinada pelos factores internos e externos. Também devem ser conhecidos os mecanismos de controlo da qualidade e os resultados decorrentes dos índices de qualidade elevados ou baixos.

- Não é menos importante determinar os indicadores da inspeção de qualidade. São necessárias reuniões regulares (pelo menos numa base anual) com os pais para definir os custos e os resultados, a influência do ambiente e os requisitos específicos dos alunos.
- O Estado deve assegurar uma infraestrutura adicional para apoiar as escolas na

melhoria da qualidade do ensino.

- Dada a diversidade das escolas, é importante que as abordagens estatais para melhorar a qualidade do ensino se centrem nas necessidades individuais das mesmas.

- O Estado pode desenvolver programas de financiamento das iniciativas, a fim de obter resultados mensuráveis e melhores.

Maior responsabilidade e potencial do governo local - é importante que as escolas que aspiram a uma melhor qualidade possam recorrer aos funcionários locais para obterem o devido apoio. As autoridades locais devem estar conscientes da qualidade do ensino na sua área. (Janashia, 2009)

Além disso, para melhorar a qualidade do ensino, os estabelecimentos de ensino devem dispor de estratégias e procedimentos adequados para garantir a qualidade dos seus programas e das qualificações que fornecem. Os estabelecimentos de ensino devem estabelecer uma cultura que realce a garantia da qualidade, para o que devem desenvolver e aplicar uma estratégia de melhoria contínua da qualidade.

A garantia de qualidade consiste em basear-se em determinados critérios e utilizar indicadores específicos (Bregvadze, 2009)

- critério - o princípio ou a norma aplicada na avaliação;

- indicador - um mecanismo e/ou um facto que fornece informações sobre o estado de algo.

Ciclo de garantia de qualidade.

A chamada abordagem PDCA, também conhecida como ciclo de Shewhart, é um dos paradigmas mais comuns na garantia da qualidade.

P - plano;

D - fazer;

C - controlo;

A - ato.

O ciclo PDCA é um modelo dinâmico. Reflectindo a melhoria contínua da qualidade, a conclusão de uma fase significa o início da fase seguinte.

Controlo de qualidade.

O controlo da qualidade é essencial para a garantia da qualidade. O controlo da qualidade exige a avaliação dos alunos, que é também um fator muito importante. A avaliação deve ser justa e exacta. A avaliação dos conhecimentos e da eficiência do pessoal académico não é menos importante. (Didberidze, 2017)

No sistema educativo, a qualidade é o tipo de "correspondência intencional", que consiste em cumprir as normas gerais definidas pelos estabelecimentos de ensino, pelos seus departamentos de garantia da qualidade e pelos conselhos académicos e profissionais. (Ishikawa, 1986)

A visão e os objectivos, o talento e as qualificações do pessoal académico, as normas de admissão e de avaliação, o ambiente de ensino-aprendizagem, a qualidade das bibliotecas e dos laboratórios, a eficiência da gestão, a administração e a liderança, etc., são os factores que afectam a qualidade dos estabelecimentos de ensino. (IWA 2: Sistemas de gestão da qualidade - Directrizes para a aplicação da norma ISO 9001, 2003) A garantia da qualidade pode ser interna e externa. (Harvey, 2004)

Garantia externa da qualidade - a garantia externa da qualidade implica vários métodos de avaliação da qualidade utilizados por várias autoridades ou indivíduos exteriores a um estabelecimento de ensino. A garantia externa da qualidade é necessária para provar ao público que os objectivos podem ser alcançados. (Associação Europeia para a Garantia da Qualidade, 2005)

Garantia de qualidade interna ou institucional - o objetivo da garantia de qualidade interna ou institucional é a avaliação do desenvolvimento e da responsabilidade institucionais e centra-se nas questões académicas e na missão de uma instituição. (Arcaro, 1995)

1.3. Técnicas de garantia da qualidade nas instituições de ensino geral na Geórgia

Com base nos actos jurídicos relevantes, a validação das instituições de ensino geral na Geórgia teve início em 2010. O Centro Nacional para a Melhoria da Qualidade da Educação (a seguir designado por "Centro") emite licenças em função dos programas, dos recursos materiais e humanos e da missão das instituições. Tendo em conta a prática e a situação existente, a validação deve centrar-se nos resultados do ensino, o que significa que são os sistemas internos de ensino e de garantia da qualidade que devem ser objeto de uma avaliação pormenorizada.

Para as escolas públicas, o prazo de validação foi fixado para 2015. No entanto, devido à última alteração da lei, foi adiado por 5 anos. O último decreto do Governo estabelece que a validação de 2084 escolas públicas deve estar concluída até ao ano letivo de 2020-2021. A validação não é obrigatória e nenhuma das escolas se candidatou à validação pela Comissão de Validação.

As normas de validação dos estabelecimentos de ensino geral estão ainda a ser desenvolvidas. Se uma escola não cumprir as normas, será privada do seu estatuto educativo e os alunos irão para outra. De acordo com a ordem n.º 99, 2010: "Normas de validação de uma instituição de ensino geral", para que uma escola cumpra as normas do Estado, deve corresponder às normas abaixo indicadas:

- disponibilidade dos recursos materiais relevantes, incluindo a área de 250 m^2 , exceto no caso em que o Conselho de Validação dos Estabelecimentos de Ensino Geral decida validar uma escola com menos de 50 alunos;
- as salas de aula equipadas com o inventário pertinente, nomeadamente as carteiras adaptadas às necessidades individuais dos alunos, quadros, etc;
- um ginásio, uma piscina ou parques infantis;
- laboratório(s) devidamente equipado(s);
- o ambiente favorável à educação: alimentação eléctrica ininterrupta, casas de banho, luz fluorescente e aquecimento;

- uma biblioteca com os livros, periódicos, etc., materiais suplementares correspondentes ao programa de estudos;
- o ambiente adaptado às necessidades dos alunos com deficiência;
- a informática e as comunicações, incluindo os computadores com suporte contínuo da Internet. O sítio Web da função de comunicação e informação;
- segurança contra incêndios e equipamento de combate a incêndios para garantir a segurança e o bem-estar do pessoal e dos alunos;
- o plano de evacuação fixado num local bem visível;
- equipamento de primeiros socorros;
- equipamento para garantir a ordem em conformidade com a legislação da Geórgia, nomeadamente câmaras de vigilância para controlar o perímetro interior e exterior da escola;
- em função da missão de uma instituição, os planos de ação a longo (seis anos) e a curto prazo (um ano) que prevejam, nomeadamente, a utilização eficaz e a melhoria dos recursos materiais.

A validação permite determinar se os programas de ensino, os materiais e os recursos humanos estão em conformidade com as normas estatais.

Acreditação - é um procedimento que define a relevância dos programas curriculares, que tem por objetivo a autoavaliação regular de uma escola e o apoio ao desenvolvimento de instrumentos de melhoria da qualidade. Ao contrário da validação, a acreditação de uma escola é voluntária. (Centro Nacional de Acreditação, 2011)

A acreditação de um estabelecimento de ensino geral rege-se pela lei "Sobre o Ensino Geral" e pelo "Regulamento de Acreditação dos Estabelecimentos de Ensino Geral", onde a acreditação é interpretada como um sistema de avaliação pelo Estado em termos de conformidade do ensino com os objectivos nacionais do ensino geral, o currículo nacional e as normas definidas pelo Ministério da Educação e Ciência para os estabelecimentos de ensino geral.

Com base nas normas pertinentes, um grupo de peritos devidamente qualificados acredita todos os estabelecimentos de ensino na Geórgia.

A acreditação de uma escola exige o cumprimento das seguintes normas: em primeiro lugar, a missão; em segundo lugar, os programas educativos e o currículo nacional; em terceiro lugar, a cultura de atualização e, por último, os recursos da escola, tanto financeiros como humanos.

O objetivo do programa educativo, os resultados da instrução e a correspondência do programa com o mesmo (Accreditation Standards, ordem #65, 2011)

A norma é considerada cumprida se:

1. Sob reserva das orientações gerais e das prioridades reflectidas na missão de uma instituição e, também, dos objectivos nacionais do ensino geral, o programa educativo é concebido para o desenvolvimento polivalente dos alunos e prevê as formas de prosseguir esse objetivo;
2. o programa educativo garante a obtenção dos resultados definidos no currículo escolar para a fase de instrução em causa;
3. o programa educativo apoia o desenvolvimento das capacidades de investigação e de resolução de problemas de cada aluno e favorece a aplicação dos seus conhecimentos;
4. o pessoal docente e os pais participam no desenvolvimento do currículo escolar e na avaliação.

Metodologia e Organização da Instrução, Avaliação Adequada da Compreensão do Programa

A norma é considerada cumprida se:

1. o ensino-aprendizagem planeado decorre sem problemas e os recursos podem ser utilizados de forma eficiente;
2. os métodos de ensino utilizados na execução do programa educativo asseguram a obtenção de resultados adaptados às necessidades de um aluno individual, de um grupo

de alunos e de toda a turma;

3. os métodos de avaliação de cada componente do programa de ensino asseguram a obtenção dos resultados definidos pela componente, tal como atestam as notas de avaliação;

4. os critérios de avaliação dos alunos asseguram o conhecimento dos resultados alcançados, dos pontos fracos e das formas de os melhorar.

Resultados dos alunos, trabalho presencial

A norma é considerada cumprida se:

1. as necessidades de desenvolvimento de cada aluno são tidas em conta e o aluno pode obter as consultas e o apoio necessários para melhorar os seus resultados;

2. a escola assegura realizações relevantes para os conhecimentos e competências dos alunos;

3. os alunos são capazes de realizar o seu potencial e a instituição apoia iniciativas fora do programa educativo e dá-lhes incentivos.

Recursos de instrução

A norma é considerada cumprida se:

1. o pessoal de um estabelecimento de ensino está empenhado na sua progressão profissional;

2. o número e a qualidade do equipamento, dos manuais escolares, etc., do conjunto de instrumentos de formação à disposição da escola são pertinentes para os programas das diferentes disciplinas, acessíveis aos professores e aos alunos e utilizados em função da faixa etária e do nível de desenvolvimento dos alunos;

3. a escola dispõe dos instrumentos necessários para realizar as prioridades definidas nos seus planos a curto e a longo prazo.

Potencial de melhoria da qualidade da instrução

A norma é considerada cumprida se:

1. o sistema de melhoria da qualidade que prevê o ciclo "planear, fazer, verificar, agir" está operacional e acessível ao público;

2. a avaliação interna e externa tem como objetivo a melhoria do ambiente escolar e uma maior compreensão do programa educativo.

Nos termos da lei "Sobre a Educação Geral", as mais de 250 escolas privadas da Geórgia deveriam ter sido acreditadas até 2010 e as 2200 escolas públicas até 2011 (Normas de Acreditação, ordem n.º 65/6, 2011).

Mais do que a disponibilidade de instalações desportivas, bolas, computadores, etc., a acreditação verifica a conformidade com o programa educativo nacional, a existência de um ambiente escolar pacífico, a cultura da escola e o seu esforço de desenvolvimento. (Chubinidze, et al., 2009)

- ensino geral: melhoria da qualidade;
- harmonização da educação e da formação com os objectivos nacionais do ensino geral;
- a conformidade do ensino geral com as normas internacionais.

Por conseguinte, a acreditação é a revisão da autoeducação e da sua qualidade global, o que implica uma revisão pormenorizada e crítica dos programas educativos com o objetivo de definir os padrões de qualidade e melhorar a educação. O objetivo final da acreditação é apoiar o progresso das escolas em direção aos padrões internacionais.

1.4. O sistema educativo atual: A situação nas escolas públicas e privadas

As autoridades competentes baseiam-se na autoavaliação das escolas, que é comum em todo o mundo, para analisar e avaliar a qualidade do ensino que ministram. Na Geórgia, este método é utilizado desde 2011. É compreensível que um estabelecimento de ensino disponha de instrumentos de avaliação da qualidade.

Existem mais de 2000 escolas públicas na Geórgia que dificilmente cumprem as normas do sistema educativo.

De entre os vários inquéritos realizados nas escolas públicas e privadas da Geórgia, a análise dos resultados obtidos pelo Programa Internacional de Avaliação de Estudantes (PISA) é importante em termos de diferenças entre as escolas públicas e privadas, demonstrando que o progresso académico dos alunos das escolas privadas é superior ao das escolas públicas. A percentagem de alunos de escolas privadas que satisfazem as normas mínimas do ensino secundário geral é superior à dos que frequentam escolas públicas. De acordo com a análise dos dados relativos à Geórgia, "a maior parte das escolas seleccionadas para o teste PISA eram públicas, representando as escolas privadas apenas 5%. A diferença entre os alunos de escolas públicas e privadas surgiu na comparação por tipos de escolas. As escolas privadas obtiveram melhores resultados. A diferença entre as escolas privadas e as escolas públicas deve-se, em primeiro lugar, ao facto de os alunos das escolas privadas se envolverem prioritariamente nas aulas e de a assiduidade ser melhor. Entretanto, as turmas nas escolas públicas são maiores, o que torna difícil para os professores prestar a devida atenção a todos os alunos. Consequentemente, estes são mais passivos e, com o tempo, tornam-se desmotivados, o que afecta o seu desempenho académico.

Nas escolas privadas, os alunos são distribuídos por pequenos grupos e os professores podem prestar a mesma atenção a cada um deles. Além disso, nas escolas privadas, o ensino de certas disciplinas é reforçado. Existem vários grupos de estudo cognitivos e de entretenimento, o que torna essas escolas mais atractivas para os pais. O desempenho académico nas escolas públicas é alarmante. Os alunos estão desmotivados e obtêm maus resultados. Os que progridem relativamente melhor não são estimulados. A escola deve permitir que os alunos ponham em prática a teoria.

As escolas privadas têm vindo a ganhar terreno nos últimos tempos, uma vez que proporcionam uma melhor oportunidade de obter um ensino de qualidade.

Em comparação com as escolas públicas, todas as escolas privadas foram validadas.

II. O Modelo de Gestão da Qualidade no Estrangeiro, Experiência Internacional

2.1 Normas internacionais e garantia de qualidade

A correspondência entre a qualidade do ensino e as normas internacionais significa a qualidade do ensino que os alunos recebem. Os objectivos acordados com o público definem a qualidade do ensino. A introdução intensiva de inovações, a criação e a aplicação de novas tecnologias são alguns dos objectivos acima referidos. A obtenção de um ensino de qualidade deve traduzir-se num aumento do nível de vida e dos rendimentos. Aqueles que obtiveram uma educação de qualidade querem o mesmo para os seus filhos, a chamada "sucessão de qualidade".

Uma educação de elevada qualidade determina os benefícios sociais. Uma sociedade com um elevado nível de educação está mais orientada para o bem-estar público, o que, entre outros factores, predetermina a melhoria do sistema educativo.

2.2 Educação: Estatuto internacional e a situação na Geórgia

O debate sobre o sistema educativo adequado e a sua qualidade está a decorrer em todo o mundo. Alguns académicos acreditam que o modelo alemão de ensino profissional é o melhor, outros preferem a abordagem britânica às escolas, etc. Neste domínio, o sucesso ou o fracasso são frequentemente medidos pelos resultados dos testes internacionais. A literacia, a matemática e as ciências são as áreas mais testadas. Segundo os inquéritos internacionais, as escolas finlandesas, sul-coreanas e chinesas são as que apresentam melhores resultados. No que se refere à Geórgia, os dados atestam um baixo progresso académico, como afirmámos ao falar dos problemas das escolas públicas deste país. Os mesmos resultados foram reflectidos nos relatórios PISA.

É nas avaliações internacionais que os Estados se baseiam para definir os objectivos das reformas do sistema educativo. O objetivo dos estudos internacionais é que os políticos e os decisores do sistema educativo desenvolvam a política educativa com base na experiência internacional.

Os bons resultados obtidos pelos adolescentes finlandeses nos testes internacionais são dignos de consideração na Geórgia.

De acordo com os inquéritos internacionais, os alunos finlandeses atingiram o topo das classificações de inteligência. Foram os vencedores do concurso para jovens de 15 anos, que envolveu adolescentes de 57 países.

Tal como os seus pares da Geórgia, utilizam muito o computador e a Internet, ouvem RAP e hard rock, mas no ensino secundário (a partir do 9.º ano), enfrentam programas extremamente complexos de matemática, ciências e ciências sociais. Talvez seja devido aos referidos programas do ensino secundário e ao trabalho árduo que os finlandeses são considerados os melhores trabalhadores do mundo.

Como já foi referido, a Finlândia tem sido um líder sem rival em termos de classificações internacionais no domínio da educação, que fornecem uma avaliação combinada dos resultados das crianças. No último teste internacional, os estudantes finlandeses obtiveram os melhores resultados nas áreas das ciências gerais e da matemática superior e chamaram a atenção de professores e especialistas em educação de todo o mundo. Estes tentam compreender como é que um Estado conseguiu ter um sistema educativo tão bom, tantos professores altamente qualificados e apoiar regularmente a sua progressão profissional.

Embora os professores finlandeses utilizem muito a alta tecnologia moderna, os alunos estão estritamente proibidos de utilizar telemóveis na escola. Além disso, durante as aulas, os professores utilizam a Internet, incluindo para comunicar com os alunos.

Para além do pessoal escolar e do pessoal docente, há muitos estagiários nas escolas finlandesas. Para ser professor, é necessário ter o grau de Med e passar num exame especial e, mesmo assim, a profissão de professor na Finlândia é altamente reputada.

Os professores finlandeses destacam-se pela sua criatividade. Muitos deles publicaram livros de texto ou guias de ensino. Cada um deles tem um portefólio que inclui recursos para as aulas, testes, um registo de turma e projectos que elaboram e põem em prática. Uma das razões do sucesso dos finlandeses deve ser o facto de gostarem muito de ler.

Em termos de proficiência em inglês e de utilização das modernas tecnologias de ponta, o Departamento de Educação dos EUA e a Associação Nacional de Educação nomearam a Finlândia como a melhor entre os países escandinavos e os países europeus que não falam inglês. Quanto aos programas escolares para a língua inglesa, são considerados exemplares. (Gamerman, 2008)

O estabelecimento do sistema educativo na Geórgia está associado à sua integração no Império Russo, que, por seu lado, tinha baseado o seu sistema educativo nos modelos europeus, principalmente alemão e francês. (Janashia, 2016)

A análise dos sistemas educativos estrangeiros e a cópia dos elementos bem sucedidos é importante para a eficácia do sistema em vigor. Como afirmou Sir Michael Sadler, um sistema educativo é uma parte da cultura de onde provém. No entanto, copiar elementos de um sistema educativo estrangeiro pode ter efeitos adversos, uma vez que só os elementos coerentes formam um sistema racionalizado. Não se deve esperar que o sistema educativo seja um êxito se o currículo, a formação dos professores, a avaliação dos alunos, a gestão da qualidade da escola, a abordagem do Ministério, a codificação das classificações, etc., se basearem em modelos diferentes. Em suma, procurar e copiar elementos bem sucedidos de vários sistemas educativos é sobretudo prejudicial. (Janashia, 2016) A fim de tornar o sistema educativo eficiente, as autoridades georgianas devem

assegurar a coerência dos seus elementos, por exemplo, a metodologia deve estar estreitamente ligada ao currículo, ao potencial de progressão dos professores, ao desenvolvimento dos recursos didácticos e aos princípios de gestão escolar.

A estabilidade é um elemento essencial dos sistemas eficazes. As mudanças frequentes na política do Estado conduzem ao desperdício de recursos, à desilusão dos professores e à desconfiança em relação às inovações. A atitude negativa de alguns professores em relação a uma inovação não deve resultar numa mudança de política. O descontentamento em relação a uma mudança é bastante comum e tem de ser gerido.

Para que um sistema educativo seja bem sucedido, deve ser sustentado por um conceito que inspire todos os intervenientes. O sistema educativo baseia-se nas aspirações sociais. Ao contrário do sistema educativo dos Estados Unidos, que se baseia no conceito de formação da sociedade democrática, o objetivo do sistema educativo finlandês é a formação de uma sociedade permeada pelo sentido de responsabilidade social. (Janashia, 2016) Tendo em conta o que precede, o modelo de sistema educativo da Geórgia deve, antes de mais, enquadrar-se no contexto dos interesses nacionais.

III Metodologia de investigação e análise de dados

3.1 Questões-chave, objetivo e métodos de investigação

O objetivo da investigação é demonstrar de que forma a qualidade é assegurada nas escolas públicas e privadas da Geórgia.

O objetivo do estudo:

1. Investigação sobre a garantia de qualidade nas instituições de ensino geral na Geórgia;

2. Comparação dos instrumentos de garantia da qualidade nas escolas privadas e públicas;

3. Deteção e análise das semelhanças/diferenças entre os instrumentos de garantia da qualidade nas escolas públicas e privadas.

Na minha opinião, o objetivo supracitado pode ser alcançado através da utilização de métodos de investigação qualitativos.

Questões de investigação:

> Que instrumentos de garantia da qualidade são utilizados nas escolas públicas e privadas do Estado da Geórgia?

> quais são as semelhanças/diferenças entre as escolas públicas e privadas em termos de gestão da qualidade?

> quais são os pontos fortes e fracos das escolas públicas e privadas? Em função dos resultados, as questões acima referidas podem estimular investigações posteriores. Por conseguinte, o estudo tem um valor prático. Pode, pelo menos, mostrar a situação atual, revelar os pontos fortes e fracos e criar uma imagem realista.

Trata-se de uma espécie de estudo de reconhecimento, uma vez que inclui dados relativos apenas à capital Tbilisi. Os trabalhos de campo foram efectuados em todos os bairros da capital.

Utilizámos os métodos qualitativos porque, segundo Zurabishvili, "ao utilizar os métodos qualitativos, o investigador pode observar e explicar as nuances do comportamento humano, que podem ser ignoradas na investigação quantitativa. Os métodos qualitativos permitem-nos compreender melhor as pessoas ou os processos que investigamos" (Zurabishvili, 2006). Utilizámos três métodos principais: o questionário, a entrevista aprofundada (inquérito a peritos) e o acompanhamento das "actividades diárias recorrentes, tais como as relações dos trabalhadores no ambiente de trabalho, o ensino (na escola, na universidade), etc." (Zurabishvili, 2006). A entrevista em profundidade, inerente à investigação qualitativa, pertence em parte às chamadas entrevistas estruturadas. Como observa Robert Weiss, a entrevista em profundidade é designada por vários nomes: entrevista narrativa, focalizada ou livre. Realizámos duas entrevistas aprofundadas com funcionários de organismos estatais e peritos. Os inquiridos descreveram a situação no local e, posteriormente, analisámos as opiniões e os sentimentos dos peritos.

3.2 . Coorte e sua seleção

O estudo visou as instituições de ensino geral públicas e privadas seleccionadas propositadamente, embora de forma aleatória, na capital Tbilisi. No que diz respeito a este estudo, a seleção intencional significa que foram seleccionadas escolas públicas e privadas, ao passo que a seleção aleatória implica que todas as escolas de ambos os tipos tiveram as mesmas oportunidades e que a seleção de uma não dependeu da outra (Kisi, 2008).

5 instituições de ensino geral localizadas em Vake-Saburtalo, Isani-Samgori, Gldani-Nadzaladevi, Didube-Chugureti e Old Town Tbilisi constituíram o principal grupo-alvo. Cada um deles foi objeto de um inquérito. A administração da escola (diretor, directores-adjuntos) preencheu o questionário e as informações fornecidas foram utilizadas no tratamento dos resultados da investigação.

Optou-se por selecionar as instituições de ensino geral por distrito, uma vez que se pretendia descrever a situação em cada distrito, supondo que poderiam existir diferenças entre eles devido à localização, às diferentes comunidades, etc. Acreditámos que se existissem certos indicadores característicos de um determinado território, estes influenciariam a análise e o resultado da investigação. Das 5 escolas inquiridas, 3 eram privadas e as outras 2 públicas.

O questionário incluía perguntas abertas e fechadas sobre as qualificações e as actividades dos professores, o ensino-aprendizagem, os programas educativos, o progresso académico dos alunos, os instrumentos internos e externos de garantia da qualidade, os pontos fortes, os pontos fracos e os desafios de cada escola.

Com base nas entrevistas com os professores, alunos e directores de 2 escolas (uma privada e outra pública) das escolas inquiridas, analisámos a sua estrutura e especificidades.

Aqui, devemos explicar os recursos suplementares da investigação, tais como a análise "SWOT"[4] e o inquérito realizado na escola #-- pela Universidade Internacional do Mar Negro no âmbito do seu curso "Prática". Conforme acordado com a Direção da escola, os resultados são apresentados nas conclusões e resultados do presente estudo.

Como já foi referido, utilizámos também a entrevista em profundidade como método de investigação. Para analisar o sistema educativo geral, os seus pontos fortes e fracos, as oportunidades e os desafios, entrevistámos dois especialistas em educação. O questionário semiestruturado abordou os seguintes temas:

> o conceito de garantia de qualidade no sistema de ensino geral atual;

> o sistema de ensino geral no séc. XIX-XX-XXI e as suas prioridades;

> professor como alavanca da garantia de qualidade e das suas qualificações;

> análise das características gerais das escolas privadas e públicas e dos critérios de uma escola de sucesso;

Foram também analisadas as fontes secundárias, tais como os estudos na área e os currículos e planos estratégicos das escolas envolvidas no inquérito. As palavras-chave

---

4 A análise SWOT é um método utilizado para investigar as nossas possibilidades e o ambiente empresarial. SWOT é uma abreviatura inglesa em que cada letra indica elementos da análise. Na análise SWOT, consideramos os pontos fortes e fracos de uma organização, as suas oportunidades e ameaças. A análise SWOT requer uma análise exacta dos pontos fortes e fracos da sua organização e dirige-se não só aos membros da sua equipa, mas também à organização como tal.

da pesquisa: gestão da qualidade, garantia da qualidade, melhoria da qualidade, escolas públicas e privadas. No tratamento da informação, utilizámos as abordagens descritiva e lógico-estrutural.

3.3 Aspectos éticos do estudo

O êxito de um inquérito social depende da atitude positiva das pessoas em relação aos investigadores, da confiança dos inquiridos nos entrevistadores e nos organizadores do inquérito, que devem agir de boa fé. (Zurabishvili, 2006) Os princípios da confidencialidade e do anonimato foram devidamente respeitados. A confidencialidade é uma tentativa de eliminar os elementos que possam revelar a identidade de um inquirido; o anonimato significa que um investigador não poderá identificar um inquirido. (Tsuladze, 2008)

Prestámos a devida atenção ao consentimento informado dos inquiridos. A independência do inquirido em termos de tomada de decisão sobre a participação num inquérito é crucial. Além disso, o inquirido tem de ser informado sobre o inquérito e dar o seu consentimento informado. Observámos também o princípio da equidade, para o que aplicámos a estratégia de planeamento rigoroso. Uma pessoa inquirida deve ter a liberdade de se recusar a participar.

Nas entrevistas em profundidade, os inquiridos deram o seu consentimento informado para a sua identificação e para refletir a sua avaliação no estudo. Além disso, foi garantida a segurança dos inquiridos. O investigador é responsável pela segurança dos registos efectuados no inquérito.

3.4 Impedimentos

Vários impedimentos surgiram durante a investigação e os trabalhos de campo. Neste contexto, o âmbito do estudo é importante. Devido à falta dos recursos e do tempo necessários, não nos foi possível inquirir o número relevante de instituições de ensino geral para que as conclusões pudessem ser generalizadas e aplicadas a todas as escolas da capital Tbilisi.

Por esta razão, o inquérito pode ser considerado como um complemento aos outros, para que os outros investigadores e pessoas interessadas possam ter uma visão geral da situação e, pelo menos, possam analisar os factos emergentes e as iniciativas que sugerimos.

A comunicação com as direcções das escolas foi um problema, uma vez que muitas delas se recusaram a participar por não serem obrigadas.

3.5. Análise comparativa da garantia de qualidade nas escolas públicas e privadas

Como já foi referido, tendo em conta o objeto de estudo, comparámos os instrumentos de garantia da qualidade e a situação nas escolas públicas e privadas. Durante a pesquisa, investigámos a gestão da qualidade nas três direcções que se seguem:

- . o professor - um "meio" de gestão da qualidade;
- . recursos técnicos e materiais de que a instituição dispõe e frequência da sua utilização;
- . os progressos académicos dos alunos e o seu nível de desenvolvimento.

Além disso, investigámos os instrumentos internos ou externos de avaliação da qualidade de que as escolas dispõem e analisámos as peculiaridades da avaliação.

Por razões de confidencialidade e de anonimato, as escolas objeto da investigação serão designadas por: escola nº 1, nº 2, etc. Aqui, devemos dizer que utilizámos o acompanhamento como método: durante dois meses, observámos duas escolas, uma pública e uma privada (experimental). Utilizámos o termo "experimental" porque, para além das particularidades inerentes a uma escola privada, esta pode ter indicadores de uma escola experimental, que devem ser tidos em conta na análise e no acompanhamento.

Antes de passarmos à revisão geral e à análise da questão, queremos sublinhar que foram entrevistadas as direcções, os professores e os alunos das escolas envolvidas, para que pudéssemos ter uma ideia geral da situação.

Foram utilizados vários critérios na seleção das escolas. Para que os critérios fossem fiáveis e válidos, decidimos que as escolas deveriam ter o mesmo nível de desenvolvimento para que a análise comparativa pudesse ter valor prático. Entrevistámos as administrações (diretor/diretor-adjunto) das escolas situadas em todos os distritos de Tbilisi (Vake-Saburtalo, Isani-Samgori, Gldani-Nadzaladevi, Didube-Chugureti e Old Town Tbilisi). Foi com base nas informações obtidas que realizámos o inquérito descritivo como instrumento suplementar de criação de uma imagem realista e de uma descrição exaustiva da situação nas escolas da Geórgia. Quanto às duas escolas-chave envolvidas no inquérito, considerámos que tinham de ser descritas em pormenor, para destacar as semelhanças/diferenças, os pontos fortes ou as vantagens para o objetivo final de caraterização do ensino/aprendizagem nas escolas privadas e públicas da Geórgia.

A missão da escola pública n.º 1 é a criação de um ambiente seguro e positivo para uma pessoa independente, com pensamento crítico e competitiva, educada de acordo com as normas europeias. O ensino geral na escola compreende as fases primária, básica e secundária (I-XII anos).

Prioridades da escola:

- instrução específica para cada aluno, permitindo que todas as crianças revelem plenamente o seu potencial e se preparem para a integração no ambiente educativo internacional;
- incutir o sentido de responsabilidade para com a família, o país e o resto do mundo;
- apoio a um estilo de vida saudável e criação do ambiente mais eficaz para o desenvolvimento espiritual e físico das crianças;
- desenvolvimento de uma pessoa tolerante, respeitadora da lei, patriótica e dedicada aos valores democráticos e humanistas.

Quanto à escola privada n.º 2, a sua missão é educar as crianças de acordo com os valores humanistas georgianos e europeus, nomeadamente:

- dotar os alunos de conhecimentos e competências diversificados e familiarizá-los com os valores para que se tornem membros activos da sociedade;

- iniciar o modo de pensar o Estado e incutir os valores democráticos.

Ambas as escolas apoiam a auto-realização dos alunos e a realização dos valores da sociedade civil. Neste contexto, centrámo-nos nas semelhanças/diferenças entre as escolas privadas e públicas, na diferença em termos de gestão da qualidade e no local onde a garantia da qualidade foi atribuída.

Antes da análise aprofundada das escolas, devemos discutir o seu clima geral e cultura organizacional como alavanca de garantia de qualidade. A escola pública está aberta, os professores estão abertos aos visitantes, as relações entre o pessoal docente são positivas, nota-se muito pouca indiferença, tudo isto indica a sua cultura.

Quanto à escola privada, tem um pessoal muito unido e a qualificação não é o único critério de recrutamento. Espera-se que um novo professor partilhe os valores da escola. A língua georgiana é ensinada por "The Mother Tongue" de Iakob Gogebashvili, o que é importante para a decisão dos pais quanto ao local onde querem que os seus filhos estudem. Na entrevista, o Diretor afirmou que só são admitidas as crianças cujas competências são adequadas aos requisitos da escola. A cultura específica da escola é dirigida a um determinado segmento. Tem o direito de o fazer porque é uma escola privada.

Passemos agora à estrutura organizacional das escolas envolvidas:

a escola pública:

- Administração (o diretor; 3 directores adjuntos e contabilista);
- conselho de administração;
- conselho de professores;
- governo estudantil.

As actividades da associação de estudantes são bastante activas e interessantes. Durante a investigação, acompanhámos a sua eleição: 10 alunos de vários graus reuniram-se numa reunião bastante formal. Falaram da falta ou da indisponibilidade de meios financeiros para se envolverem nos projectos que lhes interessam.

A escola tem um advogado convidado, que inspecciona ocasionalmente a documentação, a fim de evitar omissões. Além disso, a escola tem um superintendente.

Acreditamos que **o serviço de gestão de qualidade** de dois funcionários é fundamental para a escola. Este serviço trata da administração, do pessoal docente e dos alunos. Realizam inquéritos, são responsáveis pelas relações públicas através das redes sociais, da comunicação telefónica com os pais, etc.

Para além dos mandatos, a escola dispõe de um serviço de segurança que funciona regularmente de forma bastante rigorosa. A escola está interdita a estranhos sem passe. As câmaras de vigilância controlam o perímetro interno da escola.

A estrutura organizacional da escola privada:

- Administração;
- conselho de professores;
- departamentos por temas;
- serviço de gestão da qualidade;
- um psicólogo;
- coordenador da classe primária.

Inspeccionámos as infra-estruturas e a estrutura geral da escola pública n.º 1. A escola está bem equipada, tem casas de banho adequadas e as suas fachadas interiores e exteriores são bastante agradáveis.

No entanto, a escola não está adaptada às necessidades dos alunos com deficiência, não existe rampa e a área relevante, incluindo as casas de banho. Embora não haja atualmente nenhum aluno com deficiência, de acordo com a lei "Sobre o ensino geral" e o currículo nacional, todas as escolas devem ser inclusivas. O responsável pela gestão da qualidade afirmou que a escola será adaptada aos alunos com deficiência, caso existam. Há cerca de 10 alunos com necessidades especiais a serem instruídos por 2 professores especiais. A escola dispõe de uma biblioteca, um ginásio, 5 laboratórios de informática e um de biologia, salas de apresentação e de conferências.

Em nossa opinião, na sua forma atual, a escola pública não vai cumprir as normas definidas, sendo improvável a sua validação.

Deve dizer-se que a escola está localizada no centro de Tbilisi, é bastante reputada e bem reconhecida. É considerada bem sucedida no que diz respeito às escolas públicas, mas ainda não cumpre os requisitos estatais definidos pelo Ministério da Educação e da Ciência.

Os departamentos por disciplina: língua oficial; línguas estrangeiras (russo, inglês, alemão); ciências sociais; ciências; matemática; desporto; departamento de ensino primário. A classificação dos departamentos e a sua eficácia, bem como o apoio que a escola lhes presta, devem ser objeto de interesse. Na entrevista, o responsável pela gestão da qualidade abordou as especificidades operacionais dos serviços. Nas suas palavras, antes do início do ensino, os serviços reúnem-se. Os programas de ensino são acordados entre os chefes de departamento e o responsável pela gestão da qualidade.

O gestor da qualidade disse também que o currículo era atualizado anualmente, o que não significa que sejam feitas alterações drásticas.

O que mudou foi o geral:

- o calendário;
- serviços educativos complementares;
- o período do ano académico (facultativo).

Porque é que o serviço educativo complementar muda? A este respeito, o responsável pela gestão da qualidade afirmou que: "a política da escola visa a deteção e a eliminação das omissões. Se um serviço educativo não é ativo, não é interessante para os alunos, deve ser racionalizado".

Existem cerca de 2500 alunos e 167 professores, dos quais 38%, na sua maioria professores seniores, foram certificados. A certificação é um importante fator de gestão da qualidade.

Quais as principais diferenças entre as duas escolas inquiridas? O Estado, nomeadamente a Casa do Professor (LEPL), apoia a progressão profissional dos professores do ensino público através de formações, projectos ou eventos diversos. A eficiência é outra questão. As escolas públicas não suportam os custos da valorização profissional do seu pessoal. Supostamente, não têm meios para o fazer, uma vez que o orçamento das escolas públicas depende principalmente dos magros cupões dos alunos. Com base no acordo de usufruto[5] , a escola recebeu instalações, enquanto o Ministério da Educação e Ciência e o governo local pagam os custos de capital. No que respeita à escola privada n.º 2, para além do apoio financeiro padrão fornecido pelo Estado (o cheque-ensino), a escola recebe uma taxa anual de 2 000 dólares por cada aluno. Os custos de aquisição de inventário, de renovação das instalações da escola e de promoção profissional dos professores são suportados pelo orçamento da escola. O número de alunos é de cerca de 500, ou seja, quase cinco vezes menos do que na escola pública local. É evidente que este último fator influencia a qualidade do ensino/aprendizagem. Enquanto que na escola pública o número de alunos por turma é de 35-40, na escola privada é de apenas 10-15. Se partirmos do princípio de que a qualidade do ensino nas escolas públicas e privadas é a mesma, um professor tem de aplicar as normas do currículo nacional a 35 alunos de cada vez, contra 10-15 na escola privada. É dificilmente questionável que a qualidade da escola privada seja superior, uma vez que todos os alunos recebem a mesma atenção e todos participam nas actividades. Por conseguinte, a hipótese acima parece bastante plausível.

As aulas na escola experimental n.º 2 são integradas. Para além do objetivo de cumprir os padrões curriculares nacionais e de obter os resultados relevantes, a escola pretende dar aos alunos um conhecimento de base alargada, tal como testemunhado por.

- As aulas integradas, a história da religião nas aulas de língua georgiana; noções

5 **O usufruto** é um direito real limitado (ou direito *real*). O usufruto pode ser concedido em propriedade horizontal ou em propriedade comum, desde que o bem não seja danificado ou destruído. O terceiro direito de propriedade civil é o *abusus* (literalmente *abuso*), o direito de alienar a coisa possuída, quer consumindo-a ou destruindo-a (por exemplo, para obter lucro), quer transferindo-a para outra pessoa (por exemplo, venda, troca, doação). Uma pessoa que beneficie dos três direitos é proprietária de pleno direito. O usufruto é diretamente equiparável a uma propriedade vitalícia de direito comum, exceto que o usufruto pode ser concedido por um período inferior ao tempo de vida do titular.

básicas da cultura cristã ensinadas a partir do V ano.

A frequência das aulas permitiu-nos concluir que os alunos são capazes de discutir questões relacionadas com os domínios em causa, por exemplo, discutiram um poema de Galaktion Tabidze no contexto da mitologia e da história. Discutiram o que o poeta insinuava em cada verso.

A escola tem programas como "Folclore e Mitologia", "Diálogo de Civilizações", "Literatura Alemã" e "A Língua Georgiana e o Mundo".

Quanto à escola pública nº 1, para além do ensino prescrito pelo currículo nacional, os alunos aprendem a língua persa. No entanto, este ensino é facultativo e gratuito para os alunos dos graus V a XII. O ensino da língua persa tem sido apoiado pela Embaixada do Irão desde o ano letivo de 2009-2010. A escola tem participado em várias competições e olimpíadas, bem como em projectos internacionais. Por exemplo, no âmbito do projeto de língua persa, a escola pública n.º 1 participou num evento organizado pela Embaixada do Irão e alguns dos alunos foram premiados.

Os alunos estudam línguas estrangeiras como o russo, o inglês, o espanhol, o francês e o alemão, das quais o inglês e o russo são obrigatórios desde o nível primário, enquanto as outras três são opcionais. É óbvio que a escola tem como objetivo a formação de pessoas com pensamento crítico e competitivo, educadas de acordo com as normas europeias.

A escola emprega os 25% dos recursos legalmente determinados para as aulas de inglês avançado.

Apesar da pequena área e do grande número de alunos, aparentemente por razões de qualidade, estes frequentam as aulas de língua e literatura georgianas, inglês e russo em pequenos grupos. O ensino é efectuado por turnos: o primeiro turno começa às 9 horas e termina às 14:50 horas. O segundo turno (III-IV anos) começa às 12:25 e termina às 16:30. Há aulas de 45 minutos, com intervalos de 5 minutos entre elas. A primeira aula do segundo turno é chamada de aula "Zero". Durante as aulas, reparámos em alunos nos corredores. Alguns deles deviam ser madrugadores à espera do início do seu turno. Isso causa certamente alguma desordem. Notámos também uma certa falta de disciplina, o que, evidentemente, tem a ver com a gestão e a garantia da qualidade. As entrevistas efectuadas nas escolas públicas e privadas tornaram clara a aplicação de diferentes instrumentos de garantia da qualidade. Não existe uma turma de finalistas do ensino secundário, mas existe a chamada "escola ao sábado", um ensino informal e gratuito durante o qual os professores trabalham com pequenos grupos de alunos para os preparar para o CAT e para os exames nacionais. Tudo isto pode levar a algumas conclusões sobre o clima e a cultura da escola.

No que diz respeito à escola privada, o ensino integrado favorece o progresso académico dos alunos, não só em termos de normas curriculares, mas muito mais. A administração da escola faz o possível para que os conhecimentos e as competências dos alunos correspondam às exigências do mercado de trabalho georgiano e internacional. 90% dos alunos da escola privada estiveram em vários países europeus no âmbito do intercâmbio de estudantes ou como participantes em projectos. Naturalmente, visitaram os monumentos culturais e os locais históricos desses países. Para as tornar mais interessantes, durante as aulas, os professores tentaram relacionar a experiência dos alunos com os temas discutidos.

Entrevistámos vários professores do ensino público. As perguntas incidiram sobre os pontos fortes e fracos, os critérios de avaliação e a sua aplicação prática, o clima geral da escola e a avaliação do sistema educativo. Foi efectuada uma entrevista aprofundada com o professor de matemática, que em 2015 era membro do Conselho de Administração. O professor mostrou-se agradado com a direção da escola e apontou a valorização profissional dos professores como uma prioridade da escola. Descreveu o clima da escola e as relações com o pessoal como positivas. Referindo-se à sua própria experiência, o professor observou que, nas reuniões, os professores falam dos seus problemas e progressos e ouvem as recomendações dadas pelos seus pares e pela Direção. O professor de matemática pareceu positivo sobre a atenção dada pelo Diretor à formação dos professores. Nas suas palavras, as figuras proeminentes do sector são atraídas pela razão do progresso profissional dos professores da escola. As palavras do professor de matemática foram confirmadas pelo contabilista, que disse que, no ano anterior, o diretor da escola atraiu um professor de orçamentação e finanças da Universidade Estatal de Ilya para efeitos de planeamento orçamental. Em suma, o clima da escola parecia favorável, os professores estavam satisfeitos com as observações dos colegas sobre os seus pontos fracos.

Gostaríamos de dizer algumas palavras sobre os aspectos administrativos e organizacionais das escolas públicas e privadas, a forma como são planeadas e geridas. A este respeito, a situação na escola pública era relativamente caótica. Não raramente, a direção da escola e o gestor da qualidade têm dificuldade em lidar com um grande número de documentos. Durante o acompanhamento, detectámos alterações frequentes no horário e não existe qualquer regulamento relativo à falta às aulas. Devido à área limitada que alberga um grande número de professores e alunos, dificilmente é possível resolver as questões administrativas sem alterações durante um ano letivo. Entretanto, o ensino/aprendizagem, bem como o ambiente, é-lhes sensível.

A este respeito, existem muito poucos problemas administrativos na escola privada. A disciplina e os documentos são bem geridos e respeitam as exigências legais. Por conseguinte, a validação das escolas privadas decorreu de acordo com o calendário previsto.

Como já foi referido, pedimos aos funcionários administrativos das 5 escolas (3 privadas e 2 públicas) localizadas em Vake-Saburtalo, Isani-Samgori, Gldani-Nadzaladevi, Didube- Chugureti e Old Town Tbilisi que preenchessem o questionário.

O número de alunos das escolas inquiridas era o seguinte:

O questionário preenchido revelou as seguintes tendências: a maior parte do pessoal docente das escolas inquiridas era constituída por professores em exercício. No entanto, por razões de competitividade, as escolas privadas empregam frequentemente pessoas altamente qualificadas, mas que não são professores certificados. Quanto ao estatuto dos professores nas escolas inquiridas: 44% dos 183 professores das três escolas privadas eram séniores, 55% não certificados, enquanto 1% era diretor. 63% dos 229 professores das escolas públicas inquiridas eram não certificados, 35% eram séniores e 2% eram directores.

Por conseguinte, de acordo com o padrão acima descrito, a situação geral nas escolas privadas e públicas é praticamente a mesma.

No entanto, os progressos académicos e as notas do CAT e dos exames nacionais dos alunos dos dois tipos de escola marcaram a diferença. As direcções das escolas privadas consideram que foi graças à qualidade do ensino escolar que se obtiveram bons resultados, enquanto as das escolas públicas referiram o papel desempenhado pelos professores particulares. A questão que se coloca é a de saber qual foi exatamente a razão dos bons resultados obtidos pelos alunos das escolas privadas nos exames nacionais: foram os conhecimentos adquiridos na escola, as turmas pequenas ou o professor particular?

Os mecanismos de garantia da qualidade utilizados pelas escolas privadas e públicas devem ser interessantes. Os professores, os alunos e os pais das escolas privadas são objeto de um inquérito anual, cujos resultados constam dos programas escolares. Estes inquéritos raramente são realizados nas escolas públicas: na escola pública n.º 1, a sondagem foi efectuada por volta de 2012 e na escola pública n.º 2 - em 2010.

Podemos presumir que os inquéritos nas escolas privadas são realizados por razões de qualidade. No entanto, esta conclusão é um pouco provisória, uma vez que, devido à falta de tempo e de recursos, não nos foi possível acompanhar o número relevante de escolas. Com base nos questionários preenchidos pelas direcções das escolas privadas, os instrumentos de gestão da qualidade foram

- uma lição aberta;
- resultados da aula aberta;
- inquérito aos professores, alunos e respectivos pais.

Instrumentos de valorização profissional dos recursos humanos

- formações;
- uma lição exemplar.

Tanto os responsáveis da administração das escolas privadas como das escolas públicas referiram a indiferença dos pais e o seu fraco envolvimento na escolaridade dos filhos. Mesmo nas escolas privadas com um número relativamente reduzido de alunos, a comunicação com os pais é um problema. Os directores das escolas privadas afirmam que os pais prestam pouca atenção aos estudos e ao comportamento dos filhos. Por conseguinte, é difícil para uma escola cumprir a sua missão e proporcionar um ensino de qualidade. A opinião dos responsáveis das escolas públicas é sensivelmente a mesma: "os pais deviam estar mais envolvidos. Apesar de comunicarmos muito com eles, continuam a ser inactivos". O questionário pôs em evidência o problema comum aos dois tipos de escolas.

Passemos agora aos pontos fortes e fracos, às semelhanças e diferenças detectadas entre as escolas públicas e privadas em termos de garantia de qualidade e de gestão.

Vamos apresentar uma análise sumária da questão na parte "Objectivos" e "Conclusões" do estudo. No entanto, os principais pontos fracos das escolas públicas são o grande número de alunos, a escassez de recursos financeiros e, não raramente, a disciplina. As escolas não estão muito motivadas, pelo que é prestada relativamente pouca atenção à garantia de qualidade.

Devido ao número reduzido de alunos nas turmas e a uma melhor organização do ensino, as escolas privadas "atraem" os pais. Não raro, estas escolas estão bem equipadas, o que constitui uma outra vantagem. Em suma, as escolas privadas oferecem aos alunos e aos pais aquilo que se espera delas.

Tabela #3.1

Com base nas tendências que surgiram durante a investigação, o quadro apresenta os pontos fortes e fracos das escolas públicas e privadas.

	Escolas públicas	**Escola privada**
Envolvimento estreito dos pais	-	-
Bom progresso académico dos	-	✓

alunos		
A instituição é validada	-	✓
O gestor da qualidade está em funções	✓	✓
A instituição está devidamente equipada	-	✓
Mais de 90% dos alunos cumprem os requisitos do currículo nacional por disciplinas	-	✓
Ensino integrado na instituição	-	✓
A instituição colabora e participa em projectos	✓	✓
Em termos de infra-estruturas, o interior/exterior da instituição está adaptado aos alunos portadores de deficiência	-	-
Há um psicólogo e um professor especial na instituição	✓	✓
Realização de inquéritos anuais aos professores, alunos e respectivos pais	-	✓
As aulas, os testes intermédios e os testes finais são monitorizados	✓	✓
Existe uma biblioteca na	✓	✓

instituição		
A administração financia o governo estudantil para que as suas iniciativas e ideias possam ser concretizadas	-	✓
Os alunos são informados sobre o ensino/aprendizagem, as ordens permanentes e as normas e critérios de avaliação dos exames finais nacionais.	✓	✓
Com os conhecimentos adquiridos na escola, mais de 90% dos alunos conseguem satisfazer as exigências mínimas dos exames nacionais	-	✓

3.6. Entrevistas em profundidade: Análise

Tal como especificado na Metodologia, a entrevista em profundidade (a peritos) foi um dos métodos utilizados no estudo. As entrevistas realizadas com os peritos em educação tiveram como objetivo criar uma imagem realista das escolas e, em termos mais gerais, da administração, do sistema educativo geral e da política. Foram entrevistados dois peritos em educação, Tsitsia Gagnidze do Centro de Validação e Acreditação das Instituições de Ensino Geral e Nino Berelidze do Centro Nacional para a Melhoria da Qualidade da Educação (LEPL). Para efeitos de comparação, síntese e análise da informação recolhida, considerámos importante discutir a qualidade do ensino geral no contexto da política nacional global. As entrevistas incidiram sobre o conceito de qualidade e a forma como é percepcionada nas instituições de ensino geral na Geórgia, o sistema educativo nos séculos XIX-XX-XXI, a sua qualidade, mudanças e tendências.

As avaliações dos peritos incidiram sobre a garantia de qualidade nas escolas e, por último, identificaram os pontos fortes e fracos, as potencialidades e os desafios do sistema educativo geral. A Sra. Nino Berelidze falou sobre a compreensão do conceito de qualidade pelos directores das escolas, professores, alunos e respectivos pais. Nas suas palavras: "Nem os pais nem a escola estão plenamente conscientes da sua função de apoiar o aluno a tornar-se uma pessoa livre e responsável. Até agora, não nos apercebemos de que não devemos fazer as coisas em vez das crianças, mas sim ensiná-las a fazê-las". Berelidze considera que "o professor é a figura-chave do ensino, pelo que as suas qualificações e métodos são muito importantes. Mas será que os professores garantem a qualidade? No entanto, a especialista acredita que o sistema educativo está a evoluir na direção certa, com as etapas e os erros comuns aos dos países europeus. No que se refere ao currículo nacional e às instituições de ensino geral, o especialista aponta a escassez de recursos financeiros como um grande problema. Os cupões atribuídos a cada aluno, que constituem o orçamento escolar, são insuficientes para uma instrução adequada. A falta de motivação da direção da escola é outro problema. Para garantir a qualidade, é necessário desenvolver uma estratégia e utilizar ferramentas eficazes. "Hoje, queremos viver como Ilya Chavchavadze nos ensinou, concentrando-nos nas competências que ela considerava relevantes. Lamentavelmente, ainda não o conseguimos fazer. No entanto, o processo já começou e é isso que importa". Relativamente aos professores e às suas qualificações, a Sra. Berelidze descreveu o segmento "como extremamente sensível, sujeito a uma série de reformas. Muitos deles não passaram no teste de competência mas, infelizmente, não há recursos no mercado para os substituir".

Respondendo à pergunta sobre os exames CAT e o papel que as escolas desempenham nos seus resultados, a perita declarou que os testes CAT se destinam a revelar os conhecimentos factuais dos alunos. Quanto aos exames nacionais de acesso às universidades, embora tentando não desvalorizar o papel da escola, admitiu que a maior parte dos diplomados recorre a explicadores privados para obter ajuda.

"Embora algumas escolas privadas tenham sido validadas com sucesso, o que aparentemente lhes dá uma vantagem sobre as escolas públicas, ambas têm as suas fraquezas".

Falando sobre os problemas enfrentados pelas escolas públicas, na sua entrevista, Tsitsia Gagnidze, a perita em validação/acreditação, destacou a falta de espaço, um grande número de alunos e a falta de pessoal competente. Nas escolas privadas, os alunos são ensinados em pequenos grupos. A qualidade do ensino é outra questão.

Nas suas palavras, outro problema tem a ver com a insuficiente familiarização dos professores com o currículo nacional e a missão da escola, o que torna quase impossível falar de garantia de qualidade. Ela salientou que mesmo as escolas públicas "bem sucedidas" dificilmente conseguiam cumprir as normas de validação, quer em termos de área, quer de outros requisitos.

Apesar de todos os desafios que o sistema de ensino geral enfrenta, o processo já não está parado. "Os parâmetros de referência são correctos. Apesar de ainda não termos conseguido cumpri-los, tudo pode ser racionalizado."

Em suma, ambos os especialistas referiram as fragilidades do ensino geral e a insuficiente preocupação com a garantia da qualidade nas escolas, as qualificações dos professores e a escassez de recursos humanos. Entretanto, cabe ao professor garantir a qualidade do ensino.

Atualmente, os estabelecimentos de ensino geral não conseguem transmitir aos alunos os conhecimentos necessários. A disponibilidade dos recursos materiais e técnicos e o número reduzido de alunos por turma conferem às escolas privadas uma vantagem, mas, a este respeito, é impossível tirar uma conclusão definitiva, uma vez que não temos a certeza de que as referidas vantagens sejam bem aproveitadas.

Conclusões e recomendações

- Em jeito de conclusão, devemos, antes de mais, destacar as diferenças entre as escolas públicas e privadas inquiridas:

1. número de alunos por turma - nas escolas públicas, as turmas são duas ou mesmo três vezes maiores do que as das escolas privadas, o que constitui a diferença fundamental em termos de qualidade do ensino. Os professores das escolas privadas trabalham com 10-15 alunos, enquanto os das escolas públicas têm de ensinar o mesmo programa educativo a 30-35 alunos.

- Outra diferença é a distribuição dos recursos financeiros entre os dois tipos de escolas. A orçamentação das escolas públicas depende dos fundos públicos fornecidos por aluno (as outras fontes de rendimento podem incluir: aluguer de terrenos, subsídios locais e internacionais. Este último não era o caso nas escolas inquiridas).

- A cultura e o clima dos estabelecimentos de ensino geral públicos e privados inquiridos também são diferentes: o acompanhamento das escolas privadas revelou um corpo docente mais unido nas escolas privadas, o que pode ser explicado pelo seu número reduzido.

- As escolas públicas e privadas inquiridas diferiam em termos de garantia de qualidade, os instrumentos de garantia de qualidade eram diferentes, incluindo a frequência de utilização. Nomeadamente, os inquéritos anuais nos estabelecimentos de ensino geral privados envolvem pais, professores e alunos. Quanto às escolas públicas inquiridas, o último inquérito foi realizado há cerca de 5-7 anos.

- No que diz respeito à garantia de qualidade externa, nomeadamente a validação das escolas do ensino geral, como já foi referido, as escolas privadas não têm problemas com a validação, o que significa que cumprem as normas estabelecidas. Entretanto, nenhuma das escolas inquiridas vai cumprir as normas de validação devido a:

- escassez de fundos e uma área reduzida. Não raramente, não estão preparadas para o ensino inclusivo e aceitam as pessoas com deficiência. Numa das escolas inquiridas não havia nenhum professor especial, apenas um psicólogo.

- Tanto as escolas privadas como as públicas queixavam-se de um envolvimento insuficiente dos pais. Falaram da indiferença dos pais relativamente à instrução dos filhos. Entretanto, para que um aluno tenha uma educação de qualidade, o envolvimento dos pais no ensino/aprendizagem é essencial.

- O National Center for Teachers' Professional Advancement é responsável pela formação e progressão profissional dos professores das escolas públicas, enquanto que, para além das formações obrigatórias, os professores das escolas privadas aperfeiçoam as suas competências através de fundos fornecidos pela própria escola.

- Os alunos das escolas privadas registaram melhores progressos.

- Por último, é de referir que a proficiência dos alunos das escolas privadas está mais em conformidade com o currículo nacional do que a dos alunos das escolas públicas.

As direcções das escolas privadas salientaram o sucesso dos seus diplomados nos exames nacionais, sublinhando o papel da escola nesse processo. Por outro lado, as direcções das escolas públicas não escondem os professores particulares contratados pelos pais dos seus alunos. No entanto, durante as entrevistas com os representantes das escolas privadas, os problemas com as ciências emergiram. Admitiram que os seus alunos podem ter de recorrer a tutores para obter ajuda nessas disciplinas.

- O inquérito revelou que, por uma questão de garantia de qualidade, tanto nas escolas públicas como nas privadas, os monitores assistiam a algumas das aulas, testes intermédios e semestrais, pelo que, neste aspeto, a situação é praticamente a mesma.

- As escolas privadas tentam melhorar a qualidade através de aulas integradas. Algumas das escolas privadas inquiridas colaboraram ativamente com as organizações internacionais e os seus alunos estudaram em alguns países europeus no âmbito de um programa de intercâmbio.

- Os recursos financeiros das escolas públicas não são suficientes para incentivar as iniciativas do governo dos alunos, o que deveria influenciar a qualidade do ensino/aprendizagem, uma vez que as iniciativas, os projectos e as ideias dos alunos são conducentes à realização do seu potencial, aos conhecimentos e às competências de nível superior.

- Tanto as escolas privadas como as públicas queixaram-se da escassez de professores qualificados, pelo que é difícil preencher uma vaga para um professor.
- É óbvio que existe uma escassez de professores profissionais no mercado de trabalho. Atualmente, é bastante difícil encontrar um professor qualificado que possa melhorar e garantir a qualidade.
- A maior parte dos alunos das escolas públicas não consegue atingir os níveis mínimos de competência prescritos pelo currículo nacional.
- No que respeita à garantia de qualidade interna, as escolas públicas tentam instruir os seus alunos através de aulas suplementares, das chamadas aulas de sábado, etc. No entanto, esta conclusão não pode ser aplicada a todas as escolas públicas e, por conseguinte, a generalização seria inadequada. No entanto, o simples facto de serem dadas aulas suplementares em algumas escolas públicas é promissor.
- Atualmente, as escolas privadas têm uma vantagem sobre as escolas públicas em termos de recursos financeiros, número de alunos, recursos materiais e técnicos, etc. No entanto, é preciso dizer que nem todas as escolas privadas utilizam corretamente as suas vantagens. A disponibilidade de recursos e de possibilidades não é necessariamente sinónimo de bons resultados.

Recomendações

- As fracas qualificações dos professores detectadas no inquérito tornam óbvio que as suas formações obrigatórias não são suficientes. Serão necessárias outras acções de formação e seminários para que possam proporcionar aos alunos um ensino de qualidade.

- Para obter fundos adicionais, recomendamos às escolas públicas que participem nos concursos de subsídios locais e internacionais.

- Para um melhor progresso académico dos alunos, recomendamos a organização de palestras públicas e reuniões com pessoas proeminentes, que se concentrarão na necessidade do conhecimento e no seu papel para se tornar um sucesso.

- Os chamados "concursos de classificação" entre escolas parecem ser uma boa ideia. Supostamente, os critérios do concurso deveriam ser a frequência das formações pelos professores, as iniciativas da escola e a sua participação em projectos e concursos e, por último, o progresso académico dos alunos. As escolas vencedoras receberão prémios, como um certificado, uma carta de agradecimento, etc.

- Os alunos de várias escolas podem reunir-se para discutir os pontos fracos e sugerir formas de tornar os estudos mais interessantes. Por exemplo, as administrações das escolas do distrito planeiam a reunião, que deve ser de interesse também para os directores das escolas, uma vez que terão a oportunidade de analisar a situação nas outras escolas.

- As escolas devem realçar os pontos fortes dos seus alunos para os motivar a obter melhores resultados;

- Também para motivação, os alunos do ensino primário, básico e secundário devem ser classificados e os melhores devem ser premiados.

- Por último, gostaríamos de recomendar aos administradores escolares que se familiarizem com os modelos de ensino bem sucedidos de outros países (Finlândia), de modo a poderem utilizar os instrumentos de garantia de qualidade já testados para prosseguirem o objetivo de proporcionar aos alunos um ensino de qualidade eficiente.

Bibliografia

Ministério da Educação e Ciência da Geórgia. (2013). O conceito de sistema de ensino escolar. Tbilisi. Recuperado em 27 de fevereiro de 2017, de http://www.mes.gov.ge/uploads/strategia..pdf

Arcaro, J. (1995). *Qualidade na Educação: um Manual de Implementação.* CRC press.

Bregvadze, T. (2009). Strategy for Adult Education Throughout the lifespan of learning context (Estratégia para a educação de adultos ao longo da vida do contexto de aprendizagem). Tbilisi, Geórgia. Obtido em 3 de março de 2017, de http://aeag.org. ge/data/file/225/01_Education%20system%20overview.pdf

Chavchavadze, I. (1927). *Coleção completa de escritos.*

Chavchavadze, I. (1987). *O nosso povo e a educação (Volume 4).* Tbilisi, Geórgia Soviética.

Chkuaseli, K. (2012). *General Basics of Pedagogy (Fundamentos gerais da pedagogia).* Tbilisi: Intelect.

Chubinidze, N., Kordzadze, M., Bokeria, N., Inauri, N., Amiridze, N., & Gakheladze, G. (2009). *Orientações de autoavaliação para o ensino geral qualitativo.* Tbilisi, Geórgia: Centro Nacional de Acreditação. Obtido em http://www.ganatleba.ge/upload/text/geo/1252827616_tvitshefasebis%20saxel mzgvanelo%20skolebisTvis.pdf

Didberidze, I. (2017, maio). Gestão da Qualidade e Gestão da Qualidade - Evolução da norma ISO 9001. Tbilisi. Retrieved from http://www.isoconsulting. ge/single-post/2016/09/06/%E2%80%9E%E1%83%AE%E1%83%90%E1%83%A0%E1 %83%98%E1%83%A1%E1%83%AE%E1%83%98%E1%83%A1-

%E1%83%9B%E1%83%90%E1%83%A0%E1%83%97%E1%83%95%E1%8 3%90%E2%80%9C-%E1%83%93%E1%83%90-

%E2%80%9E%E1%83%AE%E1%83%90%E1%83%A0%E1

Associação Europeia para a Garantia da Qualidade. (2005). Associação Europeia para a Garantia da Qualidade no Ensino Superior, Normas e Directrizes para a Garantia da Qualidade no Espaço Europeu do Ensino Superior.

Gamerman, E. (2008, 28 de fevereiro). What Makes Finnish Kids So Smart? *The Wall Street Journal*. Recuperado de

https://www.wsj.com/articles/SB120425355065601997

Governo da Geórgia. (1995, 24 de agosto). Constituição da Geórgia, artigo 35.º, n.º 3. Tbilisi, Geórgia. Recuperado de

http://www.parliament.ge/ge/kanonmdebloba/constitution-of-georgia-68

Governo da Geórgia. (1995, 2 de agosto). Despacho n.º 299 do Ministro da Educação da República da Geórgia. Tbilisi, Geórgia. Recuperado em 20 de janeiro de 2017

Governo da Geórgia. (1996, 27 de maio). Despacho relativo ao contrato público e ao serviço parcialmente a cargo das escolas públicas. Tbilisi, Geórgia. Obtido em http://www.nplg.gov.ge/gsdl/cgi-bin/library.exe?e=d-01000-00---off- 0samartal--00-1 0-10-0 --- 0 --- 0prompt-10 --- 4

Governo da Geórgia. (2004). Decreto n.º 84 sobre a aprovação dos objectivos nacionais do ensino geral. Tbilisi, Geórgia.

Harvey, G. (2004). Accreditation Models in Higher Education: Experiences and Perspectives, Helsínquia: Rede Europeia para a Garantia da Qualidade no Ensino Superior.

Ishikawa, K. (1986). *Guide to Quality Control, Tóquio: Conselho Asiático de Produção.* Tóquio.

IWA 2: Sistemas de gestão da qualidade - Directrizes para a aplicação da norma ISO 9001.

(2003). Genebra. Obtido de

https://www.iso.org/obp/ui/#iso:std:iso:iwa:2:ed-2:v1:en

Janashia, S. (2009). *Sistema de garantia da qualidade do ensino geral na Geórgia.* Tbilisi. Obtido de https://www.files.ethz.ch/isn/113655/45_475_821174_CIPDDeducationquality assuranceGeo.pdf

Janashia, S. (2016). *Experiência estrangeira da política educativa.* Tbilisi. Retrieved from https://www.wsj.com/articles/SB120425355065601997

Javakhishvili, N., & Chincharauli, T. (2013). *Indicadores de educação inclusiva na Geórgia.* Tbilisi. Obtido em 2 de março de 2017, de http://vet.ge/wp-content/uploads/2013/10/book4.pdf

Ministério da Educação e Ciência da Geórgia. (2011). Padrões de Acreditação, ordem #65.

Centro Nacional de Acreditação. (2011). What is Accreditation? Tbilisi, Geórgia. Recuperado de http://gac.gov.ge/index.php?lang_id=GEO&sec_id=61

Centro Nacional para a Melhoria da Qualidade da Educação. (2015). Relatório Anual (2015). Tbilisi. Recuperado de http://eqe. gov. ge/res/docs/AnnualReport_2015.pdf

Qetsbaia, K. (2014). *Sociologia da Educação.* Tbilisi: Centro de Pesquisa da Sociedade Pós-industrial (Nova). Recuperado em 13 de abril de 2017

Ramishvili, B. (2013). "Essência da qualidade e abordagens à gestão da qualidade". Em B. Ramishvili, *Gestão Operacional.* Tbilisi: Universidade Estadual de Tbilisi. Recuperado de http://old.press.tsu.ge/GEO/internet/internetgak/MENEJMENTI/Tavi%207.ht ml

Taylor, F. w. (1911). *"Os princípios da gestão científica".* Recuperado em 12 de março de 2017, de https://www.marxists.org/reference/subject/economics/taylor/principles

Tsuladze, L. (2008). *Quantitative research methods in social science (Métodos de investigação quantitativa em ciências sociais).* Tbilisi: Centro de Ciências Sociais. Obtido de http://old.ucss.ge/raodenobrivi%20kvlevis%20metodebi%20-

%2013%20gv%20for%20web.pdf

UNICEF. (2007). Estratégia e Plano de Ação Consolidados para a Educação (2007-2011).

Obtido em 2 de maio de 2017, de

ttp://planipolis.iiep.unesco.org/upload/Georgia/Georgia%20Consolidated%20Education%20Strategy%20and%20Action%20Plan%202007-2011.pdf

Wahlen, E. (1999). Existe um Modelo Escandinavo de Educação do Ensino Superior? Gestão do Ensino Superior. Retrieved April 4, 2017

Zurabishvili, T. (2006). *Métodos qualitativos em estudos sociais.* Tbilisi: Centro de Ciências Sociais.

Printed by Books on Demand GmbH, Norderstedt / Germany